Tim Aßmuth

Entdecke die Welt in Dir
… und Du wirst Großes finden

Entdecke die Welt in Dir

... und Du wirst Großes finden

Tim Aßmuth

Bibliografische Information der Deutschen Nationalbibliothek:
Die Deutsche Nationalbibliothek verzeichnet diese Publikation in der Deutschen Nationalbibliografie; detaillierte bibliografische Daten sind im Internet über http://portal.dnb.de abrufbar.

ISBN 978-3-98885-038-6

Texte und Fotos: Tim Aßmuth
Foto Rückdeckel: Natalia Bohn

www.rediroma-verlag.de
14,95 Euro (D)

Über den Autor:

Tim Aßmuth, geb. 1979 in Osnabrück, wo er noch heute lebt und sich als Autor und freier Redner entfaltet.
Im Selbststudium hat er sich weitläufiges Wissen in Philosophie, Religion und Selbstfindung angeeignet. Um die Schönheit der Welt wahrhaft erleben und davon berichten zu können, führten ihn seine Reisen bereits an die verschiedensten Orte dieser Erde. Die Faszination für das Leben und die Natur, sowie seine Liebe zum Schreiben und Fotografieren, begleiten ihn auf allen Wegen.
Sein Motto: "In der Ruhe liegt die Kraft!"

Meiner Familie
und meinen Freunden
gewidmet.
„Danke für die bedingungslose Liebe,
die ich durch euch erfahre!"

Osnabrück, den 22.06.2022

Inhalt:

Meine Reise (Vorwort)

Darauf, dass die Zeit verrinnt, haben wir keinen Einfluss. Sie vergeht, ob wir wollen oder nicht. Doch wir können beeinflussen, wie wir die Zeit verbringen. Wie wir sie gestalten, damit sie uns zur Erfüllung und inneren Zufriedenheit führt.

Um dieser Frage auf den Grund zu gehen, habe ich mich auf eine spannende Reise begeben. Dabei hat es mich nicht in ferne Gefilde, auf Pilgerwege oder in eine einsame Hütte im Wald verschlagen. Nein, für mein Ziel brauchte ich mich noch nicht mal von Ort und Stelle zu rühren. Denn sie begann in meinem Inneren und führte durch mich selbst hindurch. Und bis heute widme ich mich diesem Weg mit ganzem Herzen.

Die Geheimnisse des Lebens sowie den Sinn der Welt möchte ich erforschen, die Tiefen des eigenen Wesens durchleuchten und die Weiten der Möglichkeiten ergründen.

Was mich innerlich bewegt, diesen Weg einzuschlagen, lässt sich in Worten kaum beschreiben. Es ist ein Drang in mir, den ich bereits seit meiner frühen Kindheit verspüre. Eine Faszination darüber, was das Leben bedeutet und was es ausmacht, Mensch zu sein.

Ich will zeigen, wie frei und glücklich man leben kann, indem man loslässt und dem Leben einen erfüllenden Sinn gibt. Wie man selbstbestimmt seinen Alltag verbringen kann, ohne dass dieses an belastende Bedingungen geknüpft ist. Man braucht nicht viel zum Leben und kann dennoch glücklich und erfüllt sein. Nicht dennoch, sondern gerade deswegen, denn Bescheidenheit ist Leichtigkeit.

Traumatisches musste ich früh in meinem Leben verarbeiten lernen. Dabei war ich nahezu auf mich allein gestellt und habe es doch gemeistert, da ich nie die Liebe und das Vertrauen zu mir selbst verloren habe.
Und genau dadurch, dass ich große Verletzungen und Zwiespälte in so jungen Jahren kennenlernte, konnte ich meine Sinne für das Leben weiter öffnen. Ich habe den Schmerzen und die Trauer nie als Leid wahrgenommen, sondern als Chance zu wachsen und Antworten zu finden auf die großen Fragen des Lebens, die mich brennend interessieren. Deshalb bin ich für jede Erfahrung dankbar. Aus allem habe ich wertvolle Erkenntnisse gewonnen, die mein Leben bereichern.
Mein Umfeld habe ich danach ausgerichtet, meine innere Ordnung zu wahren, im Einklang mit meinen Mitmenschen und der Außenwelt. Meinen Alltag habe ich mir so gestaltet, dass es mir gewährleistet ist, viel Zeit und Ruhe zu haben. Gleichzeitig halte

ich aber auch nach Erlebnissen und Möglichkeiten Ausschau, um inspiriert zu bleiben. Was mir begegnet, nehme ich wahr und schaue, was sich daraus machen lässt. Ich bin immer offen für Neues und probiere vieles aus.

Um möglichst unbefangen an die Fragen zum Sinn des Lebens heranzugehen, versuche ich, äußere Einflüsse zu vermeiden. Ich möchte meine eigenen Gedanken empfangen und durchgehen. So habe ich jegliche Erkenntnisse aus mir selbst geschöpft. Und kann dennoch sagen, dass mein Wissen auf gutem Grund basiert. Denn meine innere Ausgeglichenheit, meine Gelassenheit, meine Freude am Leben und meine Gesundheit verraten mir, dass ich auf dem richtigen Weg bin. Ich lebe das Leben in all seinen Farben.
Bereits als Kind wünschte ich mir, die Frische und Freiheit meines Geistes nicht zu verlieren. Mich machte es immer traurig, wenn ich Erwachsene von ihren Sorgen und Problemen mit pessimistischen Einstellungen reden hörte. Ich fragte mich, warum sie so an Verletzungen und Ängsten festhielten, statt darauf zu vertrauen, dass auch wieder gute Zeiten kommen werden. Wenn sie dann sagten: „Werde du erstmal erwachsen, dann wirst du die Dinge auch etwas anders sehen!“, nahm ich das zum Anlass, genau darauf zu achten, dass ich mit meinen Gedanken

nicht in solche Sackgassen ohne Wendemöglichkeit gelange.
Wie ich als Kind die Welt wahrgenommen habe, wie ich das Leben und mich selbst empfand, war so unsagbar schön, dass ich mir dieses für immer erhalten wollte. Das nahm ich mir damals fest vor und habe mir so meine Leichtigkeit und Unbefangenheit bis heute erhalten. Mit einer gesunden, erfrischenden Neugierde, die Dinge zu hinterfragen. Mit der Fähigkeit zu staunen. Frei, die Welt so anzunehmen, wie sie ist. Ohne zwanghaft an etwas festzuhalten, anderen Menschen etwas beweisen oder mich darstellen zu wollen. Und dabei auch nicht an Fragen zu zerbrechen, wenn ich zwischenzeitlich auf keine Antwort komme. Denn ich weiß, irgendwann kommt die Lösung von ganz allein. Egal, wie lange es dauert. Es geht mir nicht darum, wissenschaftliche Fakten zu sammeln, sondern für mich zu erforschen, was mich interessiert und für mein Leben wichtig ist und dabei das anzunehmen, was mir sinnig erscheint. Ich gestehe es mir aber auch zu, mich irren zu können. Ich schließe wenig aus oder lehne etwas vorschnell ab, auch wenn mir etwas befremdlich erscheint oder ich mir gewisse Dinge nicht erklären kann. Ich weiß, für alles gibt es einen Grund. Für mich kommt es einzig darauf an, den Fragen nachzugehen, die meine Seele stellt. Mit Geduld und genauer Beobachtung. Die Antworten kommen von selbst und immer dann, wenn sie wollen, nicht wenn ich es will.

Niemals werde ich etwas erzwingen können, das nehme ich geduldig hin. Ich halte meine Augen weit geöffnet, denn wohin man auch blickt, überall entdeckt man etwas Wunderbares.
Es erfüllt mich mit Ehrfurcht, wenn ich an all das denke, was das Leben bietet. Was es in sich birgt, wie es entsteht, wie es vergeht, wie es lacht und wie es weint. Dieses als Mensch miterleben zu dürfen, ist einzigartig. Ich komme aus dem Staunen nicht mehr heraus.
Für mich ist es jedes Mal überwältigend, wenn sich die Natur in ihrer vollen Pracht vor mir erstreckt. Welch interessante Geschöpfe sie zaubert und welch unbeschreibliche Schönheit sie zum Vorschein bringt. Es ist ein Geschenk, dass ich all das fühlen, sehen, hören, riechen und schmecken darf und dabei Emotionen empfinde, die mich ganz und gar erfüllen, allein durch die Anmut der Natur.
Dafür danke ich von Herzen, indem ich mein Leben mit Sinn erfülle.

Über die Jahre habe ich viele Einsichten gewinnen können, die ich bis heute unermüdlich aufschreibe. Daraus sind meine Aphorismen zum Leben entstanden, die ich hier mit Euch teilen möchte.
Ich lade Euch ein in meine Gedanken einzutauchen und weiter zu denken, um das Geheimnis in Euch zu entdecken und eine ganz neue Welt zu entlüften.

Es ist ein anspruchsvoller Weg, aber auch der Schönste, den man nur gehen kann: Zu sich selbst.

Ich

Das Wunder auf der Welt zu sein

Wenn ich mich als Kind im Spiegel betrachtet habe, fragte ich mich immer beeindruckt: „Wie kann das sein, dass ich das bin?“ Und noch heute, mit nunmehr 42 Jahren, ist mir diese Faszination erhalten geblieben. Das Wunder, auf der Welt zu sein.
Wie höchst erstaunlich es ist, als Lebewesen überhaupt in der Lage zu sein, sich selbst betrachten zu können. Zu wissen, wie man aussieht, seine Mimik und Gestik zu kennen, seinen eigenen Körper bildlich vor sich zu haben. Sich selbst zu sehen und sich seiner bewusst zu sein, ist eine einzigartige Gabe, die den Menschen ausmacht.
Am meisten fesselte mich daran, mir selbst in die Augen schauen zu können. „Das bin ich!“, dachte ich mir verblüfft und versuchte zu begreifen, was das bedeutet: Ich.
Diese Begeisterung ebnete mir bereits in frühen Kindheitstagen den Weg, um mich auf die Suche nach mir selbst zu machen. Ich wollte verstehen, wer ICH bin und wie es sein kann, dass ich auf dieser Erde bin. So beobachtete ich die Welt, nahm alles auf, um mich selbst zu ergründen. Der Beginn einer

Reise, durch die Weiten meiner Seele, der ich mich bis heute unermüdlich widme.
Es ist ein überwältigendes Wunder, dass genau ich auf dieser Welt bin und das alles miterleben darf. Genau wie jeder andere Mensch auch und jeder hat sein ganz eigenes Ich, seine eigenen Gedanken, Vorstellungen, Bedürfnisse und Wünsche. Jeder trägt seine ganz eigene Welt in sich. Erforschen und gestalten aber kann ich nur die meinige.

Seither eröffnen sich eindrucksvolle Fragen über meinem Horizont, die mich auf eine niemals enden wollende Entdeckungstour geschickt haben. Jedes Erlebnis, jeden Reiz, jede Begebenheit, Begegnung, Auseinandersetzung, Freude, Niederlage, Krankheit oder Reise, alles, was mir das Leben zeigte, nahm ich genauestens unter die Lupe und saugte es in mir auf, um mich selbst genau kennenzulernen. Damit ich mein Verhalten und mein Denken verstehen und zu erspüren lerne, wann verschiedene Gefühlslagen auftreten. Um zu entdecken, was mich lenkt oder wie ich mich lenken lasse und wie ich mich selbst steuern oder mich bessern kann, wenn ich mich falsch verhalte.
Ich schaue ehrlich auf mich, auf mein Verhalten, gestehe mir Dinge ein, die mich auch im schlechten Licht stehen lassen, mich peinlich berühren oder gar schmerzen. Ich nehme mich an, mit all meinen Fehlern, die mich genauso ausmachen wie jede gute Seite

an mir. Alles was ich bin, akzeptiere ich in Liebe. Meine Wesenszüge führe ich mir immer wieder vor Augen, beobachte, wann sie zum Vorschein kommen, was es auslöst, damit ich daraus lerne und an mir weiterarbeiten kann. Mein Bewusstsein, meine Stärke und mein Feingefühl wachsen immerzu.
Zudem verspürte ich sehr früh in meinem Leben einen Drang nach Freiheit. Mich gedanklich nicht einengen zu lassen und den Fragen nachzugehen, die mich interessierten, nicht den Dingen, die man mir aufzwingen wollte.
Es war und ist mir sehr wichtig, dass ich selbst auf die Fragen, die das Leben an mich stellt, komme und genauso auch selbst die Lösungen finde, um mir, ohne Beeinflussung, meine eigene Meinung bilden zu können. Das erfordert zwar mehr Zeit, dafür sind es aber tiefgehende Erkenntnisse, die ich gewinne, denn ich habe sie durchlebt.

Ich denke an nichts, wenn ich schreibe, ich fühle

Neben meinem Erstaunen darüber, dass ich lebe, faszinieren mich seit jeher die Sinne und Gefühle, die unser Dasein bereithält. Wie erfrischend es sich anfühlt, wenn man lacht, wie wohltuend es ist, wenn man umarmt und liebkost wird. Aber auch wie erlösend es sein kann, wenn man weint. Und wie schön es sich anfühlt, wenn man nach Krankheit wieder gesund wird und die Erleichterung, wenn Schmerzen nachlassen. Oder die großen Freuden, wenn man ein Ziel erreicht hat. Wieviel Großartiges man sehen kann. Wie bewegend Geräusche sein können oder wie lecker so manches Essen schmeckt. Alle Sinne in mir waren bereits sehr früh geschärft, ich nahm alles intensiv wahr und fühlte mich überall hinein, was sich mir bot. Dabei fand ich solch schöne, wohltuende Emotionen in mir, dass ich mir wünschte, diese festhalten, bzw. speichern zu können, damit ich sie wiedererleben kann, wann immer mir danach ist.

Zuerst machte ich in mir ausfindig, was genau schöne Gefühle auslöst und was mich schlecht fühlen lässt. Dabei versuchte ich, meine Gemütsbewegungen in Worte zu fassen und sie aufzuschreiben. „Wenn ich das Geschriebene dann lese, würden dabei automatisch die Gefühle wieder wach, die ich zu dem Zeitpunkt empfunden habe“, folgerte ich vollkommen richtig, denn egal, was ich heute von mir lese, ich kann es noch genauso nachempfinden. Erkennen, mich freuen und an der ein oder anderen Stelle mich selbst trösten, für den Schmerz, den ich in manchen Phasen empfand.

Seit meinem zehnten Lebensjahr führe ich Tagebuch und kann heute nachlesen, wie ich damals gedacht und gefühlt habe. Und es bringt mich mir selbst jedes Mal ein Stückchen näher, wenn ich darin lese, denn ich verstehe mich besser.

Ich schreibe ohne zu denken, es fließt einfach so aus mir heraus. Dabei fühle ich jedes Wort. Wer also meine Texte liest, kann, im wahrsten Sinne des Wortes, in meinen Gedanken lesen.
Meine Fühler strecke ich in alle Richtungen aus, meine Ideen lasse ich in aller Freiheit entfalten und höre niemals auf zu staunen und zu lernen. Freiheit ist in jedem Gedanken. Mit allen Sinnen bin ich frei und das kann mir niemals jemand nehmen.

Wenn ich Schönes schreibe, was mich innerlich erfreut, positive, liebevolle Worte, dann baut es mich auf. Die Worte werden in meiner Seele lebendig und formen wohltuende Gefühle.
Wenn ich Unschönes schreibe, was mich innerlich aufwühlt, dann hilft es mir loszulassen. Die Worte, die mich negativ beeinflussen, quellen aus meiner Seele heraus und belasten sie nicht mehr.
Man kann so viel für sich selbst tun, mit einfachen Mitteln, die aber wirksam sind, um sich zu finden oder sich zu beruhigen. Es genügt schon positive Worte, wie z.B. „Liebe“ oder „Harmonie“ wiederholt aufzuschreiben und sich darin zu vertiefen. Es wirkt unmittelbar.

Was mich ausmacht

Vom Äußerlichen her bin ich ein Durchschnittstyp. Doch schaut man in mein Inneres, erkennt man eine wahre Pracht an Leben. Aus meinen Augen strahlt eine seelenruhige Gelassenheit, die mich ausmacht. Viele bewundern das an mir, wünschten es sich für ihr Leben auch, wissen aber nicht, wie sie es für sich erreichen können. Sie gehen davon aus, dass ich einfach von der Art Mensch wäre, der von Natur aus entspannt ist. Vielleicht trifft das auch etwas zu. Wieviel ich aber tatsächlich an mir selbst arbeite und wieviel die Art meinen Alltag zu gestalten, dazu beiträgt, mir diese innere Ruhe zu bewahren, das erkennen die Leute nicht. Dabei können sie mit mehr Achtsamkeit sich selbst gegenüber viel für ihre eigene Zufriedenheit tun.

Worauf ich mich im Leben konzentriere, ist, immer weiter zu lernen, um meinen Geist zu formen, um ausgeglichen und genügsam zu sein. Das kostet mich genauso Kraftaufwand, wie für jeden anderen auch. Denn auch ich muss mich immer wieder überwinden, mich ehrlich hinterfragen oder mir einen Anstoß geben, um zu erkennen und durchzusetzen, was das Gute und Richtige für mich ist. Auch ich muss meine Augen offenhalten, für die vielen kleinen Details, die unser Leben, unsere Gesundheit und unsere Launen ausmachen. Das bedeutet Unzufriedenheiten an den richtigen Stellen, also ausschließlich an mir selbst, ausfindig zu machen und zu bereinigen, das richtige Maß an Arbeit und Ruhe zu halten, die Seele auch mal baumeln zu lassen, auf meine körperliche Fitness und meine Ernährung zu achten, meine Wünsche und Bedürfnisse auch mal zurückzunehmen, damit ich nicht sinnlos konsumiere oder ungesunden, vielleicht gar umweltschädigenden Vergnügungen nachgehe, Streitereien zu besänftigen, meinen Mitmenschen gegenüber stets nett und höflich zu bleiben, auch wenn es manchmal schwerfällt. Es gelingt mir nicht immer, denn es ist nicht selbstverständlich in mir. Nur durch Arbeit an mir selbst fällt es mir immer leichter. Und weil ich spüre, wie gut es mir tut, halte ich daran fest.

Ich liebe mich selbst von allein, gleichzeitig tue ich aber auch alles dafür, um mich lieben zu können. Aus einer freien Intuition heraus.

Meinen Willen stelle ich nicht über den eines anderen. Ich versuche alles im guten Ausgleich zu halten und miteinander zu vereinbaren.

Dem Ruf meines Herzens folge ich, denn das führt mich am besten. Es verzeiht mir Fehler, wenn ich es einsehe. Es verleiht mir Flügel, wenn ich jemandem eine Freude mache. Es erfüllt mich, wenn ich in aller Bescheidenheit bleibe. Es schenkt mir Schmetterlinge, wenn ich liebe und Liebe verbreite. Es gibt mir Ruhe und Kraft, wenn ich mir Zeit für mich nehme, wenn ich mein Herz verwöhne und es erquicke. Es hält mich gesund, wenn ich es ausgewogen halte.

Wer sein Herz mit dem Richtigen füllt, dem wird es doppelt so viel zurückgeben. Nämlich Kraft und Vitalität. Und wer sein Gehirn mit ausreichend Wissen und wertvollen Nährstoffen fördert, dem bietet es eine stabile Grundlage für das Leben.
Es ist enorm, wieviel man tatsächlich für sein eigenes Wohlbefinden machen kann, auch auf ganz einfachen Wegen. Was einen jedoch immer wieder aufhält, sich selbst zuzuwenden, sind innere Blockaden, die es nicht zulassen, Ängste, die einen festhalten, Bequemlichkeiten, die man nicht aufgeben möchte oder Gelüste, denen man nicht widerstehen kann. Doch dem kann man entgegenwirken, indem man sein Bewusstsein für die wirklich wichtigen Dinge schärft.
Das ist aller Anfang: Die eigenen Gedanken und womit man diese füllt.

Wir haben unser Leben selbst in der Hand

Sich selbst zu finden scheint vielen Menschen nebensächlich. Es bringt ja schließlich nichts ein, kein Geld, keine Anerkennung, keine Auszeichnungen und keine materiellen Güter, weshalb es nicht als sehr erstrebenswert gilt.
Zu sich zu finden macht man ausschließlich für sich selbst und wird mit einem ausgeglichenen Leben belohnt. Frei von jeder Last, denn man ist stark und

kann alles tragen, was das Leben einem entgegen bringt. Frei von jeglichen Erwartungen, denn man selbst weiß, dass alles, was das Leben von einem verlangt, nur das ist, was man selbst bereit zu geben ist und geben kann. Man steckt sich seine eigenen Ziele und nimmt die Wege dahin, die man gewillt ist zu gehen. Frei von unnötigen Befürchtungen, denn das Vertrauen in sich lässt einen wissen, dass es für alles eine Lösung gibt. Also kann in unserem Leben getrost kommen, was kommen mag, wir können allem offen begegnen und das Beste daraus machen.

Natürlich habe ich auch Ängste, sogar in vielen Dingen. Aber ich habe keine Furcht, dieser Angst zu begegnen, mich ihr zu stellen. Ich drücke mich vor nichts in der Welt. Nur davor, mich und meine individuelle Freiheit unterdrücken zu lassen.

Ich will mich ausleben, wie es mir gefällt, ohne rücksichtslos oder anmaßend zu sein.

Bescheiden mein Selbst leben, das mache ich.

Wenn ich mich besonders erfüllt fühle, weiß ich, dass ich auf dem richtigen Weg bin und verfolge es weiter. Was mich unzufrieden macht, schließe ich aus meinem Leben aus. Wenn es allerdings eine absolute Notwendigkeit bedeutet, dem sich nicht ausweichen lässt, versuche ich mich bestmöglich damit zu arrangieren und auch das Unangenehme in mein Dasein zu integrieren. Es gibt immer Wege und Mittel, um sein Leben nach eigenen Vorstellungen zu gestalten. Manchmal läuft alles wie von selbst und

manchmal bedeutet es, Mut aufzubringen, um wirklich zu seinen Vorstellungen zu stehen und sie für sich zu verwirklichen.
Was viele Menschen vergessen haben, wir uns aber immer wieder in Erinnerung holen sollten, ist, dass wir unser Leben zu jedem Zeitpunkt selbst in der Hand haben. Was uns begegnet, das können wir nicht beeinflussen, aber wie wir die Dinge sehen und wie wir reagieren, das liegt allein an uns.

Leben

Leben bedeutet fühlen

Das Schöne an unserem Dasein und was es so aufregend macht, sind die Gefühle. Etwas, das keine Technik je ersetzen könnte.
Besonders reizvoll sind natürlich angenehme Empfindungen. Wie köstlich beispielsweise etwas schmecken kann, wie wohltuend es ist zu lachen, Wärme zu spüren, Geborgenheit, Liebe, Freude. Das Leben steckt voller Emotionen, die jeder für sich selbst empfindet und bei jedem auf unterschiedlichen Wegen ausgelöst werden.
Schmerzliche Gefühle sind für uns in der Regel unangenehme Erscheinungen, die wir möglichst vermeiden wollen. Doch auch in solchen Gemütsbewegungen lässt sich etwas Wertvolles finden. Denn sie sind da, um zu helfen. Schmerzen wollen uns auf etwas hinweisen.
Wenn es mir schlecht geht, nehme ich meine Gefühle an, auch wenn sie weh tun. Ich weiß, jede Phase braucht ihre Zeit und will durchlebt werden. Deshalb schaue ich genau, was das Leid und die Last mir sagen wollen, horche in mich hinein: Was kann ich verbessern, was kann ich ändern, damit es mir wieder gut geht?

Dabei suche ich nicht nach der schnellsten Antwort, auch nicht nach Ablenkung oder scheinbare Freude, sondern gehe tief in mich und arbeite an mir, um den Ursachen auf den Grund zu gehen, damit ich aus Fehlern lerne oder gelassener die Dinge annehme, die zwar unangenehm, aber unumgänglich sind.

Ob Freud, ob Schmerz, alles bereichert das Leben. Es gleicht einer Achterbahn der Gefühle. Und wer sie in Harmonie durchlebt, der kann all die Freuden, die eine Achterbahnfahrt mit sich bringt, in vollen Zügen genießen.
Das Leben ist ein Abenteuer und es sind allein unsere Gefühle, die es dazu machen. Sie sind der Nervenkitzel, der unser Dasein ausmacht.
Auch wenn es sich lohnt, sämtliche Gefühle in sich willkommen zu heißen, so kann man dennoch sein Leben, seinen Alltag so ausrichten, dass die positiven Empfindungen überwiegen. Es kommt darauf an, womit man sich beschäftigt, was und wieviel man in seine Gedanken lässt, mit wem und wie man seine Zeit verbringt. Je mehr Harmonie im Alltag ist, desto positiver ist auch die gesamte Stimmung. Und wie man seine täglichen Abläufe gestaltet, das kann man selbst beeinflussen. Nicht immer alles, aber doch das meiste und vor allem haben wir unsere Sicht auf die Dinge immer selbst in der Hand.
Wir glauben, es wären zahlreiche Pflichten, die uns binden, Rechnungen, die zu bezahlen sind, hielten

uns gefangen. Doch wer sein Leben demgemäß ausrichtet, seine Fixkosten möglichst niedrig zu halten, der hat sich schon große Freiräume geschaffen. Es ist nicht das Geld, das Freiheit schenkt, sondern Bescheidenheit.
Ein weiterer Druck, den viele verspüren, ist die Verantwortung anderen gegenüber. Es sind Erwartungen vom Umfeld zu erfüllen. Doch auch hier gilt, wer alles klein zu halten weiß, der wird freier leben. Statt sich halbherzig von einem Termin zum nächsten abzuhetzen, nur um Erwartungen anderer nicht enttäuschen zu wollen, sollte man sich nicht zu viel annehmen, dieses aber mit voller Hingabe und Leidenschaft erfüllen. Das schenkt Zufriedenheit.

Die Zwänge, in denen wir zu stecken scheinen, legen wir uns überwiegend selber auf. Es fühlt sich aber so an, als kämen sie von außen, da wir uns erst gegen andere durchsetzen müssen, um die eigene Freiheit und eigenen Wünsche ausleben zu können, um sich Grenzen zu erkämpfen oder sich gegen die Ansichten anderer zu stellen. Was viele als unangenehm empfinden und sich deshalb eher der Meinung oder Erwartung eines anderen beugen, als für sich selbst einzutreten.
Unsere eigenen Gewohnheiten, Bequemlichkeiten, Begierden und Ängste sind in Wahrheit unsere Zwänge. Doch wir können diese in uns beheben, indem wir uns mehr dem zuwenden, was uns

zufrieden macht. Statt verärgert davon auszugehen, dass andere Menschen oder Finanzmärkte die Fäden unseres eigenen Lebens in den Händen halten würden. Nein, das sind wir selbst!

Das Leben ist lernen, wie man richtig lebt

Seinen inneren Frieden zu finden sollte das vorrangigste Ziel eines Menschen sein. Jedoch ist das gar nicht so einfach, denn das Leben kann Bedingungen setzen, die nicht immer leicht zu bewältigen sind. Es lässt uns Sachen erleben, die schwer zu verarbeiten sind, es lässt uns Lasten heben, an deren Gewicht leicht zu zerbrechen ist. Seien es Verletzungen durch andere Menschen, Bedrohungen, Krankheiten, Unfälle, Verluste oder traumatische Erlebnisse, die uns widerfahren können. Wir finden das ungerecht und nicht selten beschweren wir uns darüber, statt zu erkennen, dass das Leben uns etwas Wichtiges mitteilt. Wir können uns nun aufregen, in Gram oder Mitleid zergehen oder aber es als das annehmen, was es ist: Der Lauf des Lebens. Und dieser ist ein ewiger Prozess des Lernens.

Denn wir werden im Leben fortwährend vor Herausforderungen gestellt, die wir zu lösen haben. Es ist eine Arbeit für jeden einzelnen persönlich und jeder einzelne kann diese auch nur selbst durchlaufen. Man kann nicht schummeln, sich nicht

durchmogeln, da man seiner Seele nie etwas vormachen kann. Sie ist schonungslos ehrlich, gibt klare Antworten und Konsequenzen. Nur müssen wir lernen, sie zu verstehen und das umsetzen, was uns guttut. Hilfe und Ratschläge kann man sich holen, aber sich selbst begegnen muss man immer allein.
Alles, was uns im Leben trifft, will uns lehren, wie unsere Seele das Schwere der Welt tragen, aber auch gleichzeitig, wie man sich am Schönen erfreuen und Kraft schöpfen kann. Das bildet und formt unseren Charakter und je mehr wir den richtigen Umgang finden, desto freier kann das Leben werden. Wir werden vom Leid erlöst und lernen, die Leichtigkeit des Seins zu erkennen, um als Mensch voll und ganz zu erblühen.
Jede Person trägt jegliche Antworten, die für ihr Dasein von Bedeutung sind, in sich und nur jeder kann sie für sich entdecken.
Unser Leben ist das, was wir daraus machen. Wer uns begegnet, was uns widerfährt, beeinflusst unsere Entwicklung. Es kann manches erschweren oder auch bereichern. Dennoch bestimmt dieses nicht über uns oder steuert unser Leben. Nein, wir selbst lenken es. Wie wir die Dinge sehen, wie wir sie gestalten, wie wir denken und fühlen, so wird unser Leben sein. Es ist nicht das Streben nach Reichtum, Stellung oder Macht, es ist auch keine Suche nach Liebe oder Glück. Das Leben ist eine Fülle an unzähligen Momenten. Und aus jedem einzelnen

können wir lernen, wie man richtig und vernünftig lebt und dabei das Beste aus sich herauszuholen.

Achtsamkeit

Unser Dasein ist eine nie endende Arbeit an sich selbst, um seinen Charakter so zu optimieren, dass man sich harmonisch in diese Welt einfügt. Seine Seele in Einklang zu bringen und zu halten.
Einfach ist das nicht. Unbequeme Wahrheiten über sich eingestehen, schmerzliche Erinnerungen zulassen, ungewisse Veränderungen im Leben einleiten, sichere Bahnen verlassen, sich selbst lieben und schätzen lernen. Und das kann man am besten, wenn man sich seiner selbst einfühlsam zuwendet und sich gewissenhaft verhält, Achtsamkeit sich selbst, aber auch seinen Mitmenschen, Mitlebewesen und der Natur gegenüber.
Achtsamkeit klingt leicht, es erfordert aber einiges an Beobachtungsgabe. Da wir unser Leben immer „draußen" leben, in den Erwartungen anderer. Wir versuchen tagtäglich, ein Bild zu wahren, das „richtige" Leben zu leben, eine vernünftige Einstellung zu haben oder modische Kleidung zu tragen. Dabei kommen wir viel zu selten in unser Inneres, kehren nicht in uns ein und vergessen, ja verlieren uns gar darüber hinaus.

Achtsamkeit sich selbst gegenüber muss man lernen. Man kann dabei leicht ungeduldig werden und Achtsamkeit „machen“, statt es wirklich zu leben. Aber man sollte es immer und immer wieder üben. Alle Vorstellungen ablegen und einfach nur sein. Die Welt annehmen, wie sie wirklich ist und nicht durch die Vorstellung leben, die man sich von der Welt gemacht hat.

Es ist im Grunde leicht, sein eigenes Glück zu leben. Es sind lediglich Denkmauern, die Stück um Stück abzutragen sind, um den Blick auf sich selbst zu lichten. Das Dunkel mit Licht befluten, um aus voller Pracht strahlen zu können.

Sich selbst wahrnehmen und lernen, sich zu lieben, genauso wie man ist. Denn das macht einen Menschen liebenswert. Sich treu zu bleiben, sein Leben zu schätzen und sorgsam damit umzugehen. Sich selbst im Gleichgewicht halten und erkennen, dass die einzige Verantwortung im Leben die ist, auf sich selbst Acht zu geben.

Glück

Herzenswünsche

Ich spüre etwas in mir. Es ist nicht in Worte zu fassen, es ist einfach da, eine starke Energie, ein immer wiederkehrendes Rufen. Ich lasse mich von dieser Energie leiten, bereits mein gesamtes Leben hindurch. Sie führt mich, sendet Emotionen, sagt, wo ich richtig bin, wo ich mich wohl fühle, wo ich bleibe, woran ich festhalte. Diesem Gefühl bin ich instinktiv gefolgt und es hat mir Glück gebracht, denn so bin ich immer genau da, wo ich sein will.
Ich bin empfänglich für meine Herzenswünsche und strebe diesen nach. Entscheidungen treffe ich nicht voreilig, sondern warte, bis alle Gefühle zusammenpassen. Diese Zeit nehme ich mir, ganz gleich, ob jemand drängt. Manche Wünsche brauchen eben ihre Zeit, bis sie vollends ausformuliert sind. Aber dafür erhalte ich am Ende auch genau das, was ich wirklich möchte.

Es gibt so viele Formeln und Meinungen, die besagen, wie man glücklich sein könne, dass der Mensch verlernt hat, seine eigene innere Stimme zu hören.
Glück ist nichts anderes als Ausgeglichenheit, ein ausgewogenes Selbst. Es sind keine jahrelangen

Forschungen notwendig, um der Frage auf den Grund zu gehen, was Glück eigentlich ist. Es ist lediglich ein Name, wie der Mensch die Dinge nun mal im Allgemeinen benennt. Er bemerkt dabei jedoch nicht, dass durch die Namensgabe es aus dem Ganzen herausgenommen wird.
Es wird dann nur noch als Einzelnes wahrgenommen und verliert dabei oftmals den Zusammenhang zum Gesamten. Jetzt muss der Mensch erst wissenschaftliche Studien darauf anlegen, um zu definieren, was Glück eigentlich genau ist, statt es einfach nur zu empfinden.

Doch warum ist es nur so schwer, sich selbst im Lot zu halten und zu erkennen, wie sehr das eigene Verhalten zur Erfüllung beiträgt?
Weil der Mensch es sich selbst schwer macht. Er gibt zu wenig auf sich selbst Acht und hat oftmals nicht den Mut, zu dem zu stehen, was er sich in seinem tiefsten Herzen wünscht.
Bei den Möglichkeiten, die der Mensch sich geschaffen hat, kann es tatsächlich schwierig sein, sich selbst im optimalen Ausgleich zu halten. Er hat so viel Wissen erlangt, dass ihm das Leben kompliziert erscheint. Er ist in so viele Bereiche abgetaucht und hat sie in alle Einzelteile zerlegt, dass es ihm unmöglich geworden scheint, das große Ganze, das, worum es wahrhaft geht, zu erkennen.

Zudem ist der Mensch permanent der Versuchung ausgesetzt, sich Dinge zu erlauben, die ihm eigentlich nicht guttun. So dass in diesem Wirrwarr der Angebote und Möglichkeiten er zu glauben beginnt, es benötige besonders viel, um ein glückliches Leben zu führen. Dabei ist es genau umgekehrt: Das Leben ist nicht kompliziert und benötigt nur sehr wenig, um erfüllt zu sein. Und das alles ist im eigenen Geiste zu finden.

Wer tief in sich hineinhört, wird feststellen, dass man gar nicht so viele Begehren hat, wie es oft scheint. Der Mensch möchte nur mehr haben, als er eigentlich braucht, weil er durch gezielte Werbung und psychologische Tricks der Medien zum Kaufen verführt wird oder Ängste geschürt werden, gegen die er sich absichern möchte. Alles um ihn herum will seine Gedanken für sich einnehmen, dabei wird er mit solch vielen Nachrichten und Begierden eingedeckt, dass es ihm unmöglich erscheint zu erkennen, was er davon wirklich benötigt oder wichtig für ihn ist. Er erfüllt sich zig materielle Wünsche, fühlt sich selbst aber nicht glücklich, weil es nicht das ist, was seine Seele eigentlich braucht.
Einige Menschen glauben, je mehr Wünsche man sich erfülle, desto glücklicher würde man auch leben. Aber die wahren Herzenswünsche sind nicht viele. Diese in sich aufzuspüren und zur Wirklichkeit werden lassen, das ist das Glück des Lebens.

Wonach der Mensch sich sehnt, bedeutet nichts anderes, als inneren Ausgleich zu haben und der hängt von nichts ab, außer von den eigenen Entscheidungen, die man für sein Leben trifft und wie man diese für sich durchsetzt. Inneren Ausgleich erreicht man nicht, wenn man bestimmte Dinge dafür hat, sondern indem man in sich selbst Zuhause ist und die Welt um sich herum harmonisch wahrnimmt.

Ein Hochgefühl der Seele stellt sich dann ein, wenn man sie mit vollwertigen Nährstoffen versorgt.
Womit man sich beschäftigt und wie man sich ernährt, trägt viel dazu bei, wie unser inneres Wohlbefinden ist.
Geld hingegen trägt nur einen geringen Teil zu unserer wahren Glückseligkeit bei. Selbst der ärmste Mensch der Welt kann glücklich sein. Genauso wie der reichste Mensch unglücklich sein kann. Was beweist, dass Glück lediglich ein Gefühl ist, welches man, egal unter welchen Umständen, in sich wachrufen kann. Aber kaufen kann man es nicht.

Liebe

Die Liebe ist eine unerschöpfliche Quelle

Bei der Frage, wie man die Liebe in sich erblühen und leben lässt, kann ich nur für mich sprechen, wie ich es geschafft habe, zu dem Menschen zu werden, der ich heute bin. Im Zentrum meiner selbst. Und aus meiner eigenen Mitte strahle ich in die Welt hinaus. Sämtliche Kraft, Inspiration, Fantasie und Geistesstärke hole ich aus mir selbst heraus. Da ist meine Quelle, aus der ich reichlich schöpfen kann und diese ist gefüllt mit reiner Liebe.

All das Schwere in meinem Leben habe ich in Gutes verwandelt, mein Handeln ist stets in Mitgefühl und Verständnis. Als Lohn erstreckt sich eine Welt vor mir, die in den schönsten Farben blüht, ich fühle mich wärmend umhüllt und kann alles annehmen, was mir begegnet oder widerfährt, weil die Liebe in mir wohnt.

Die Kunst ist es, alles mit Herzlichkeit zu sehen, auch die Dinge, die ich gerne ändern würde, aber nicht kann. Die einzige Macht, die ich besitze, ist der Einfluss auf mich selbst. Und wenn diese Kraft Liebe ist, dann ist die Seele stark. Es gibt kein schöneres Empfinden, als von ihr erfüllt zu sein. An ihr halte ich fest, denn nirgendwo kann man solch reine und kraftvolle Energie tanken, wie in der Liebe. Sie ist das Gefühl, das mich am glücklichsten und zufriedensten macht. Warum soll ich mich da nicht mit voller Hingabe drauf konzentrieren?

Unbeschreibliche Gefühle

Zwischen all meinen Texten findet man die unbeschreibliche Liebe, in dem Versuch, sie in Worte zu fassen. Wenn mich ein besonders bewegendes Gefühl ergreift, dann will ich es irgendwie festhalten und versuche zu beschreiben, wie es sich anfühlt.
Meine Frau ist dabei meine größte Inspiration. Für sie empfinde ich so viel unsagbar Schönes und Wohltuendes. Doch es bleibt auch nach 22 Jahren unserer Beziehung unmöglich, dieses mit Worten auszudrücken.
Gefühle kann man nur fühlen und egal, wie genau man sie auch zu beschreiben versucht, ein anderer wird es niemals genauso empfinden können.
Trotzdem versuche ich es weiter, wenn auch nur für mich, um es immer wieder aufleben zu lassen. Aber auch für meine Frau, damit sie weiß, wieviel Wunderbares sie in mir auslöst. Die schönsten Gefühle, die man nur empfinden kann.
Unsere Liebe ist ein wahres Geschenk, welches wir sehr zu schätzen wissen. Wir leben unsere Zuneigung innig und frei aus. Füllen sie mit einer

wohltuenden Harmonie, die uns trägt, die uns Kraft gibt, die uns begleitet in allem, was wir tun. Ein sicherer Anker, der uns genau da hält, wo wir sein wollen und hingehören.
Es ist die Art, wie wir uns gegenseitig annehmen. Wir engen uns nicht ein oder versuchen, den anderen zu ändern. Wir können einfach sein, wer wir sind. Uns erwartungsfrei ausleben.
Gleichzeitig reflektieren wir einander und nehmen das an, was der andere sagt. Wir hören einander zu, unterstützen uns, akzeptieren die Marotten des anderen, lassen eigene Unzufriedenheiten nicht aneinander aus. Wenn einer jedoch schlecht gelaunt ist, darf man das auch sein, ohne Vorwürfe. Wir gehen in Liebe und Verständnis miteinander um.
Für ein friedvolles Miteinander, lautet wohl die wichtigste Regel: Sich selbst ehrlich betrachten und sich geradezurücken, wenn man aus dem Gleichgewicht gerät. Nicht die Schuld bei anderen suchen oder versuchen, einen anderen ändern zu wollen, weil man sich von ihm gestört fühlt. Man kann sich nur selbst ändern. Wenn einen etwas aufregt, sollte man in sich schauen, warum gewisse Dinge einen so sehr aufwühlen, statt sich damit zu beschäftigen, warum ein anderer nur so sein kann, dass man selbst sich darüber aufregen muss.
Alles gleicht sich aus. Wenn man sich selbst und seine Wünsche etwas zurücknimmt und an sich arbeitet, statt an dem Partner, lebt es sich

harmonischer. Man macht das für den anderen, was man machen möchte. Dennoch gehen beide so weit wie möglich aufeinander zu, bereiten sich gegenseitig Freude, sind aufmerksam für des anderen Bedürfnisse und lassen sich auch mal auf Dinge ein, die dem Partner wichtig sind, auch wenn man selbst weniger Interesse hat. Das erweitert den eigenen Erfahrungsschatz und bereichert die Beziehung.

Es ist so wichtig, sich in einer Partnerschaft, die Bedürfnisse und Wünsche einander zu äußern. Inwieweit die jeweilige Person jedoch bereit oder im Stande ist, darauf einzugehen, liegt allein bei ihr.

Dabei kann man schnell in einen Teufelskreis geraten, da man oft von dem Lebensgefährten das einfordert, was man sich selbst wünscht. Ob dieser das genauso sieht, fragt man sich meist gar nicht, man selbst hält etwas für wichtig und verlangt von dem Partner, dass er genauso fühlt. Ist dies aber nicht der Fall und ist der andere nicht im Stande, auf die Forderungen einzugehen oder gewillt sich anzupassen, desto frustrierter wird man darüber. In all der Enttäuschung dem Gefährten gegenüber, übersieht man aber fast immer die eigene Rolle in der Beziehung. Wie man sich selbst verhält, welche Tonwahl man an den Tag legt, was man selbst alles übersieht, was dem Partner wichtig ist. Das sollte man sich immer wieder bewusst machen. Denn nur so versteht man, warum der andere manches nicht macht, was einem selbst so wichtig ist. Es ist meist nicht aus fehlender

Liebe oder Aufmerksamkeit, sondern lediglich eine andere Wahrnehmung und Sichtweise.
Eine Beziehung ist ein stetiges Wechselbad der Gefühle. Wenn man aber weiß, was man aneinander hat und seine Erwartungen nicht zu hochschraubt, wird das Band der Liebe bestehen bleiben und dem eigenen Leben Zufriedenheit schenken.
Das ist das große Wagnis der Liebe. Sich voll und ganz dem anderen hinzugeben und darauf zu vertrauen, dabei nicht verletzt zu werden. Denn wer aus tiefstem Herzen liebt, mit Leib und Seele darin aufgeht, sollte es in Kauf nehmen, dass das eigene Herz auch mal in Trümmern vor einem liegen kann. Denn nicht jedes Mal erfüllen sich die sehnlichsten Wünsche. Aber egal welche Verletzungen man auch durchgemacht hat, die Liebe heilt es wieder. Aus ihr kann man unendlich schöpfen, denn sie ist immer da, auch wenn wir sie beizeiten nicht sehen können, sie umgibt uns dennoch, wie die Luft zum Atmen.

Darauf zu bauen, einen verlässlichen Partner an der Seite zu haben, der einen liebt und so nimmt, wie man ist, kann einen stabilen Halt im Leben geben. Ein Rezept für eine gute und langjährige Liebesbeziehung gibt es allerdings nicht. Es sind unzählige Kleinigkeiten, auf die es ankommt und die kann jeder nur für sich wissen oder herausfinden.
Eine Beziehung wird einem nicht geschenkt. Es ist kein Schicksal oder Bestimmung, dass eine

Partnerschaft gut läuft oder eben nicht. Manchmal ist man voller Zweifel, Trauer, Wut oder Vorwürfe seinem Liebsten gegenüber und merkt nicht, dass der Schlüssel zu all der Unzufriedenheit in einem selbst liegt und genau hier auch die Lösung der Probleme steckt.

In einer Partnerschaft geht es nicht um Perfektion, sondern darum, den anderen so zu nehmen, wie er ist. Diesen einen Ort zu haben, an dem man sich so ausleben kann, wie man ist. Diesen einen Menschen zu haben, der einen genauso liebt, wie man ist. Das ist Zuhause.

Höhere Kräfte

Eine Kraft, die das Beste aus mir herausholt

Das Universum ist ein Raum geballter Energie, die alles antreibt und in Bewegung hält. Auch auf dieser Erde walten diese Kräfte. Sie sind es, die Leben ermöglichen. Somit besteht jeder Mensch ebenfalls daraus. Energien die ihn unerklärlich entstehen lassen und lenken, doch er kann lernen, wie die Kräfte in ihm wirken und wie er sie für sich zunutze machen kann.

Diese Energie herrscht wie eine Höhere Macht über uns, die ich als Gott bezeichne. Der für mich jedoch kein religiöses Wesen im Himmel ist, sondern eher eine wohltuende Gewissheit, dass eine Kraft über mir waltet, die das Beste aus mir herausholen möchte und die ich einsetzen kann, wenn ich sie brauche. Die mir die Angst nimmt, wenn ich es zulasse. Die mich auf einen Weg weisen will, der mir guttut, der mir inneren Frieden und Ruhe in einer schier haltlosen Welt finden lässt.

Das ist Gott für mich. Ein sicherer Anker. Das Urvertrauen darin, dass alles gut ist, wie es ist, dass alles sein muss, wie es kommt und dass ich Schmerz und Leid überwinden kann, solange die Liebe in mir wohnt und ich diese unnachgiebig auslebe. Solange ich sorgsam mit mir selbst und der Umwelt umgehe, werde ich von der Natur getragen. Bedingungslos.

Kräfte in uns wecken und aufbauen

Gott ist ein Symbol für etwas, was unser Geist nicht begreifen kann. Niemand sagt, wir müssten daran glauben, dass da eine Gestalt im Himmel sitzt und alles auf der Welt bestimmt und lenkt. Aber wir können dennoch zugeben, dass Energien walten und auf mystische Weise wirken. Wenn wir sie verstehen lernen, können wir sie für uns nutzen, um Kräfte in uns zu mobilisieren.

Für mich ist Gott eine zuverlässige Kraft in mir, die mich immer begleitet, wohin mich der Weg auch führen mag. Ich kann sie jederzeit in mir wachrufen, um Energie zu tanken. Es sind lediglich Gedanken, aber diese können bereits viel bewirken.

Gerade in herausfordernden Zeiten kann eine Höhere Macht, in die wir uns vertrauensvoll hineinfallen lassen können, sehr hilfreich sein. Eine unerklärliche Kraft, die wir in uns erwecken können. Bei der wir wissen, sie wird uns auffangen und halten, ermutigen und uns die Stärke und Klarheit geben, die wir brauchen. Die uns verdeutlicht wonach wir uns tief im Innersten sehnen. Und diese Kraft wird immer anwesend sein und uns nie alleine lassen. Sie ist ganz selbstverständlich da, wir brauchen nichts dafür zu tun, außer es uns vorzustellen und sie zu fühlen. Alles loslassen und sich fallen lassen, in die Arme einer starken und allgegenwärtigen Kraft. Egal, wie wir sie nennen mögen oder wie wir sie uns vorstellen, das kann jeder für sich selbst ausmalen. Wichtig ist nur, dass wir die Energie spüren, die in uns ist, denn sie ist in ihrer vollen Stärke allgegenwärtig. Sie wächst in uns, je mehr wir sie uns vorstellen. Versuchen wir es doch einmal, vielleicht finden wir ja einen inneren Beschützer, in dessen Arme wir uns fallen lassen können und dabei lernen zu vertrauen. Im Grunde ist das nichts anderes, als sich selbst zu vertrauen, da jegliche Energien, die das Universum zur Verfügung stellt, in jedem Menschen gleichermaßen vorhanden sind, wir brauchen nur etwas, das diese in uns wachruft.

Wer genau hinsieht, entdeckt Gottes Liebe

Gott hält uns unzählige Türchen offen. In der Regel auch stets offensichtlich, nur fällt es vielen Menschen schwer, diese wirklich zu erkennen. Wer aber aufmerksam ist und stets genau hinsieht, erkennt Gottes Liebe, in so vielen Dingen. Zeichen die urplötzlich und unvermutet im Alltag auftreten, aber immer genau zur richtigen Zeit.

Wenn an einem Tag mal alles schiefläuft und die Laune sinkt, man fühlt sich entkräftet und frustriert. Und dennoch sind auch in solchen Zeiten immer kleine Muntermacher im Tag zu entdecken, die einen aufbauen. Das kann eine nette Geste eines Mitmenschen sein, ein lustiges Schauspiel unter Tieren, eine schöne Blume, ein besonderer Baum oder einfach nur ein wohltuender Gedanke. Etwas Angenehmes ist immer und überall zu finden und eine innere Stimme macht uns auch stets darauf aufmerksam. Wir sehen es, wollen uns in dem Moment aber nicht aufheitern lassen und ignorieren das Eigentliche, woraus wir wieder hätten Kraft schöpfen können, weil wir lieber wütend sein wollen. Das baut uns allerdings nicht auf.

Auf welche Weise auch immer schickt uns Gott permanent etwas Schönes, an dem wir uns erfreuen können. An jedem Ort, zu jeder Zeit. Wir müssen nur die Augen dafür offenhalten und es annehmen.

Und Gott schickt uns nicht nur hübsches zum Betrachten, sondern sendet auch unaufhörlich Möglichkeiten, die uns voranbringen können. Das ganze Leben steckt voller Chancen, wenn wir sie erkennen und dann auch ergreifen.

Wer sich darauf konzentriert und achtsam ist, wird lernen, all das Wunderbare zu entdecken, was das Leben zu bieten hat. Es ist da, zu jeder Zeit, auch in den schwersten Stunden unseres Lebens, das Schöne ist immer da! Wir müssen nur die Augen offen halten.

Gott wünscht sich für uns, dass wir erfüllt sind. Aber das sind wir nicht selbstverständlich. Denn Gott allein macht uns nicht glücklich, Er zeigt uns nur den Weg dahin. Wir selbst sind es, die für unser eigenes Glück verantwortlich sind und dafür eintreten müssen.
Deshalb sollte ein jeder lernen, so zu handeln, dass er zufrieden mit sich sein kann, damit es ihn zur Erfüllung führt. Trainieren, sich selbst unter Kontrolle zu haben und Versuchungen oder Provokationen zu widerstehen. Den Mut haben, um dem inneren Ruf zu folgen und gleichzeitig die Sensibilität aufbringen, den wahren, inneren Klang überhaupt erst zu hören. Die eigenen Herzenswünsche aufspüren und den Willen haben, sie auszuleben. Dabei ist uns Menschen keinerlei Grenze gesetzt, nur diese eine Bedingung sollte gelten: Wir müssen gute Menschen sein und im größtmöglichen Einklang mit unseren Mitmenschen und der Umwelt. Unsere eigenen Wünsche dürfen wir nicht über die anderer stellen und jede Erfüllung eines Verlangens ist untersagt, wenn es einem anderen Menschen, Lebewesen oder der Natur schadet. Wir als Menschen sind dazu fähig, Leid bewusst zu reduzieren.
Es geht nicht in erster Linie darum, dass, wenn man einem anderen Leid zufügt, es diesen schmerzt. Das

ist natürlich auch nicht wünschenswert, aber dennoch geht es vorrangig darum, was es mit einem selbst macht, wenn man andere verletzt. Es entstehen dadurch seelische Wunden, die sich nur schwer heilen lassen.

Jedes Leid, das man verursacht, macht etwas in einem selbst kaputt und es wird immer schwieriger, Erfüllung zu finden, je mehr Negatives von einem ausgeht. Das möchte Gott verhindern und lehrt uns die Dinge, die uns erfüllt und friedlich leben lassen. Das wünscht sich jeder Gott, egal welcher Religion. Nur umsetzen müssen wir es selbst. Jeder für sich.

Du
sollst ein
Segen
sein
You
shall be a
blessing

Religion

Das Dunkel in Licht verwandeln

Jeder Mensch hat eine dunkle und eine leuchtende Seite in sich. Innerlich zieht es uns zu beiden gleichermaßen hin. Das resultiert aus dem natürlichen Gesetz der gegensätzlichen Pole.
Religionen sind dafür gedacht, dem Menschen einen Weg zu vermitteln, der ihn zu seiner leuchtenden Seite führt, die ihn strahlen lässt. Ebenso leiten sie dazu an, mit der dunklen Seite umzugehen, sie zu akzeptieren, ihr aber wenig Grund zu geben, zum Vorschein zu kommen. Sie warnen aber auch davor, zu sehr auf die leuchtende Seite zu geraten, denn dann wird man überheblich und das schadet dem Selbstwert genauso. Aus der Mitte heraus strahlt es sich am besten, ist die Grundannahme und wie wir diese in uns finden können.
Es sind weise Schriften, die uns ein edles Verständnis vom Leben vermitteln wollen. Viele Menschen gehen jedoch davon aus, bei Religionen stehe an oberster Stelle der Glaube an Wunderwesen und Wundertaten. Dabei geht es in den Lehren vielmehr um den Umgang mit sich selbst, wie man das Optimum aus sich herausholen kann. Nicht für Gott, sondern für sich selbst.

Die Gebote der Religionen sind darauf abgestimmt, einen sanften Weg zu gehen. Gebetsrituale sind dafür da, den Geist frei von Ballast zu machen. Tief in sich zu gehen, zu erspüren, was einen bedrückt, um sich davon zu erleichtern. Jegliche Belastung loslassen und sie einer Höheren Macht in die Hände legen, die alle Sorgen trägt.
Manche Rituale erinnern nicht nur daran, den Geist frei zu machen, sondern auch die Gelenke und Atmung. Religion bietet dem Menschen Entspannung, sie spendet ein Gefühl von Sicherheit, von einer Macht getragen zu werden, die es gut meint. Die uns aber auch daran erinnert, dass es gewisse Gesetze im Umgang mit sich selbst und der Gesellschaft gibt, die es einzuhalten gilt, um seinen Körper und Geist gesund zu erhalten und sich im wahren Licht zu sehen.
Es geht nicht darum, den „Spaß am Leben" zu verderben, wie es oft aufgefasst wird. Aber der Weg zu sich selbst ist nun mal ein Anspruchsvoller und erfordert Disziplin.
Die Regeln können streng wirken, doch dienen sie vielmehr dazu, um zu lernen, bestmöglich auf dieser Erde und in seinem persönlichen Dasein zu handeln, um zufrieden und vital zu sein.
In dem Sinne sind es keine Verbote, die in den heiligen Schriften formuliert werden, sondern Ratschläge für ein erfülltes Leben. Und es ist jedem

selbst überlassen, seinen Weg dahin zu finden. Hauptsache, man ist auf dem Pfad der inneren Einkehr, der Liebe, des Mitgefühls und des Friedens. Es geht um einen sanften Weg. Nicht mit eisernem Willen durch das Leben preschen, sondern das eigene Dasein zu genießen und sinnvoll zu gestalten. Liebe zu leben und zu verbreiten.

Wer den Frieden in sich findet, der ist im Paradies. Wer den Kern in sich findet, der hat Gott gefunden und da ist all die Kraft und Energie, die zu entdecken und wachzurütteln ist. Einfacher gesagt, als getan? Hierzu gibt es nur einen Rat: „Glaub an dich! Glaub unaufhörlich an dich und du wirst es schaffen!“

Wachstum

Fortschritte sinnvoll nutzen

Immerwährendes Wirtschaftswachstum und alles daransetzen, dieses voranzutreiben, ist ein erklärtes Ziel des Menschen. Was in Wahrheit aber ein Irrweg ist, denn er wird dadurch nicht da ankommen, wo er eigentlich sein will: In sich selbst Zuhause.
Stattdessen wünschen sich viele Menschen oft nichts mehr, als dem eigenen Ich entfliehen zu können, weil sie immer den Druck verspüren, nicht zu genügen. Ist das nicht viel zu schade, sein Leben so zu verbringen?
Weitaus wichtiger als Wachstum ist Wandel.
Sich innerhalb dessen, was man hat, was bereits vorhanden ist, stetig zu wandeln. Sich erneuern, aber nicht „fortschreiten".

Zum Leben ist uns alles gegeben, wir sind sozusagen bereits erfüllt auf die Erde gekommen. Jeder Mensch bringt seine eigenen Begabungen und Interessen mit, die er in dem Maße ausbauen sollte, wie es die Fähigkeiten erlauben und man selbst es sich wünscht. Ein wichtiges Ziel im Leben sollte sein, sich selbst zu genügen.

Was viele Menschen allerdings leben, ist niemals genug zu haben, geschweige denn genug zu sein. Sich nie mit einem Glück zufriedengeben, sondern immer auf der Suche nach dem nächsten Aufstieg zu sein. Aber wie sollen sie dabei jemals wahrhaft erfüllt sein?

Man möge sagen, es sei gut, dass wir Menschen uns stetig herausfordern, uns immer höhere Ziele stecken, das mache uns fortschrittlich und habe uns schließlich dahin gebracht, wo wir heute stehen.

Das mag stimmen, wir haben tatsächlich viel erreicht, aber dabei auch so viel Unnötiges geschaffen und das sollten wir uns eingehend bewusst machen. Es geht nicht um Wachstum um jeden Preis, es geht aber auch nicht um Stillstand, es geht einzig um Wandel. Jeglichen Fortschritt nutzen, um uns zum Guten zu wandeln. Sich selbst eine zuverlässige Konstante sein, aber dennoch seinen Geist immer weiter trainieren. Sich mit dem zufrieden geben, was man hat und es dennoch in dem Maße ausbauen, um sich darin wandeln zu können.

„Wer glücklich ist, sollte nicht noch glücklicher sein wollen", sagte Theodor Fontane einst. So ist es auch mit dem Wachstum. Was wir Menschen heutzutage haben, ist mehr als genug, wozu also noch mehr haben wollen? Besser wäre es endlich anzufangen zu leben und gerecht zu verteilen, statt immer weiter hinauf zu wollen und uns vorzumachen, da gäbe es noch ein höheres Glück. Wir haben es bereits, wir müssen es nur noch wahrlich leben. Medizinische und technische Fortschritte nur noch dafür nutzen und da weiterentwickeln, wo es Sinn macht und kein Profit die Ergebnisse bestimmt, wo es Leid vermeiden kann oder der Umwelt zu Gute kommt.

Kleine Schritte

Es sind die kleinen Dinge, auf die es ankommt. Doch der Mensch denkt oft in Dimensionen, die nicht zu erreichen sind. Er meint, gleich die ganze Welt retten, ganze Staaten revolutionieren oder sein Leben komplett umkrempeln zu müssen, um etwas zu verändern. Dabei sieht er sich oft vor Berge gestellt oder besser türmt diese eigens vor sich auf, dass ihm jegliche Sicht genommen wird und er das Grundlegende nicht mehr sehen kann. Der Berg erscheint so riesig, dass er sich nicht mehr zutraut, diesen zu bezwingen. Also bleibt er lieber auf der sicheren Seite und denkt nur noch in den eigenen kleinen Kreisen, aber nicht mehr darüber hinaus. Dabei übersieht er wichtige Dinge, auf die es aber unbedingt ankommt.

Die Welt retten braucht niemand. Die Natur erhält sich von ganz allein, auch ohne unser Zutun. Aber wir verletzen die Umwelt und andere Lebewesen permanent, durch unseren verschwenderischen

Lebensstil und daran sollten wir arbeiten. Nicht an der Natur arbeiten, sondern an uns selbst. Unsere Bedürfnisse einschränken. Dafür brauchen wir keine großen Revolten anzetteln oder gar Kriege führen. Wir gehen kleine Schritte und diese führen uns nicht bis ans Ende der Welt, sie führen zu uns selbst. Wir kehren um und gehen auf uns zu, jeder für sich und damit retten wir die Welt und uns selbst.

Besser kleine Schritte, aber vorankommen, als große Vorhaben in der Theorie aufführen, dafür Stillstand, weil niemand wagt, diesen Schritt zu gehen.

Das technische Zeitalter, der Verbrauch, als auch die daraus resultierende Ausbeutung preschen vorwärts, als gäbe es kein Halten mehr, so dass die Schritte in eine „umweltfreundliche“ Menschheit fast gar nicht ins Gewicht fallen und somit wenig ausrichten können gegen das schnelle Wachstum und den unstillbaren Hunger der Wirtschaft.

Der menschliche Geist kennt keine Grenzen, die Erde aber schon. Für den Menschen scheint alles möglich, aber die Umwelt wird nicht alles mitmachen. Es bleibt uns nichts, als uns einzuschränken. Damit sind keine Kosten verbunden, es kann einfach so vollbracht werden, wenn wir nur wollen.

Weniger von allem, statt mehr und dieses möglichst umweltschonend fabrizieren. Wir brauchen keine halbherzigen Vorhaben, die ein wenig Umweltbewusstsein vorgaukeln. Und im „guten Gewissen“, etwas „getan“ zu haben, verbrauchen wir dann noch mehr.

Grenzenloses Wachstum ist in einer begrenzten Welt nicht möglich.

Diesen Teufelskreis gilt es zu durchbrechen. Indem wir nicht mehr nach immerwährendem Aufstieg streben, sondern bewusster leben und das nutzen, was wirklich von Nöten ist.

Das Einzige, was daran schwierig ist, ist die Überwindung des Unwillens auf Annehmlichkeiten oder Gewohnheiten zu verzichten: Der innere „Schweinehund“.

Ich bin mehr, als der Inhalt meines Smartphones

Der Mensch verliert sich in den unwiderstehlichen Vorteilen der Technik. In einer virtuellen Welt, die ihm aufregender erscheint, als sein tatsächliches Dasein auf dieser Erde. Er ist so in seine technischen Errungenschaften eingetaucht, dass das eigene Handy mehr über einen zu wissen scheint, als man selbst. Doch da ist noch so viel mehr zu entdecken, als es je ein Smartphone erfassen könnte. Technik kann nicht fühlen, nicht leben. Es bringt Erleichterung im Alltag, aber nicht für die Seele, denn die gedeiht nur durch echte Gefühle und reale Begegnungen.

Die Grundlage jeglichen Lebens ist nicht die menschliche Technik, sondern die Natur. Und doch ehrt der Mensch sein Hightech mehr, als die Güte der Schöpfung.
Dieses Fehlverhalten zerstört nicht nur die Umwelt, es macht auch etwas mit der gesamten Menschheit und prägt das Leben jedes einzelnen Menschen, denn er lässt sich zu viel von den Technologien abnehmen, statt eigene Kräfte zu nutzen, die daraufhin immer weiter verkümmern. Er lässt sich lenken und bekommt ein verzerrtes Bild von der Wirklichkeit und auch von sich selbst.

Das Tor zur Welt ist für viele Menschen heutzutage ihre Internetverbindung. Es scheint schon zu genügen, ins Smartphone einzutauchen und das Leben erscheint bunt, unterhaltsam, aufregend, lustig und einfach.

Der „moderne" Mensch lässt sich seine Welt auf einen kleinen Bildschirm komprimieren, durch den ihm das Leben präsentiert wird. Darin kann er in endlose Weiten abtauchen, nur leider nicht in die eigentliche Wirklichkeit.
Es ist nichts Lebensnotwendiges, aber die Menschen tragen es bei sich, als hinge alles daran. Viele machen ihr Dasein und ihre Bedeutung davon abhängig. Ihr

gesamtes Leben passt auf die Speicherkarte eines Smartphones. Es bedeutet ihnen die Welt.
Es erleichtert so vieles, es denkt für uns, es zeigt uns den Weg, hält Kontakte, erinnert an Termine, es unterhält uns, wir können damit spielen, bezahlen, bequem im Flugzeug oder in der Bahn einchecken und unvergessliche Momente mit der eingebauten Kamera festhalten und dieses im selben Moment mit all unseren Freunden weltweit teilen. Es zeigt uns eine Welt, die scheinbar perfekt auf jeden einzelnen selbst zugeschnitten ist. Es ist eine solch enorm reizvolle Verlockung, dass wir es nicht schaffen, den Blick vom Smartphone zu heben und gerne darin eintauchen und uns von ihm leiten lassen. Wir glauben, es habe nur Vorteile. Doch was es in Wahrheit mit unseren großartigen Fähigkeiten macht, nehmen wir nicht wahr, weil der Nutzen des Handys uns so wichtig erscheint und auf so einfache Weise unterhält, dass es zu selten hinterfragt wird. Wir meinen, es habe keine negativen Auswirkungen auf uns, da wir es nicht bewusst merken, uns gar meist glücklich und beschäftigt fühlen, während wir mit unserem Handy hantieren. Je mehr wir aber darin eintauchen, desto mehr verlieren wir die Fähigkeit, selbst zu denken. Es ist eine Entwicklung, die nicht offensichtlich stattfindet, sondern über Jahre, Generationen verläuft. Unsere Fantasie geht uns verloren und irgendwann werden wir nichts mehr mit uns selbst

anzufangen wissen. Weil wir nur noch auf einen Bildschirm starren, der uns unser Leben vorspielt.
Es ist wichtig zu hinterfragen, was es langfristig aus uns macht. Unser Denkvermögen wird vom Smartphone nicht gefördert. Wir finden das toll, weil es uns so vieles erleichtert oder abnimmt. Aber unser Gehirn braucht mehr, als das Leben einzig über einen kleinen Bildschirm wahrzunehmen. Genau das macht uns auf Dauer schwach, weil wir nicht mehr selbst denken müssen und es irgendwann auch nicht mehr tun, weil es nicht mehr von Nöten ist, denn das Smartphone ist eh schlauer als man selbst. Wehe aber der Strom fällt mal aus, dann ist man plötzlich verloren.
Es wird Zeit, den Blick aus diesen virtuellen Welten zu heben und in uns zu schauen, da, wo die Wirklichkeit ist. Denn: „Ich bin mehr, als der Inhalt meines Smartphones."

Des Geldes Wert

Geld kann man nicht essen

Für mich ist nichts inspirierender, als im Freien zu sein und alle Sinne auf das stille, geduldige Treiben der Natur zu fokussieren. Wie unermüdlich alles wächst und gedeiht. Mit wie viel Kraft und Geschick sich Tiere und Pflanzen aus den ausweglosesten Bedingungen wieder aufrappeln, Wege suchen und finden, um ihr Fortbestehen zu erhalten. Wie fleißig die Insekten ihren Lebensunterhalt sichern und dabei eine solch große Auswirkung auf das gesamte Ökosystem haben. Sie nehmen, sie verwerten und sie geben. Sie geben auf ihre Weise zurück, was sie für sich genommen haben. Wie es bei jedem Lebewesen so ist. Außer beim Menschen.

Er nimmt und gibt Müll zurück.

Der Mensch hat sich ein Schlaraffenland geschaffen, indem es nicht darum geht, die lebensnotwendigen Grundbedürfnisse zu stillen, sondern sich so viel wie möglich anzueignen. Wobei Verschwendung in den Industriestaaten angepriesen wird, denn das fördert die Wirtschaft.

Aber genau hier liegt das Problem im Umgang mit Geld: Es erlaubt uns, sich oft mehr zu nehmen, als man eigentlich braucht, weil man es sich ja leisten kann. Im Leben geht es aber nicht darum, sich so viel zu nehmen, wie man sich eben leisten kann, sondern das zu ergreifen, was man wirklich braucht, um dieses dann auch gewiss zu verwenden und nichts zu verschwenden.

Zahlen sind unendlich. Somit können finanzielle Reichtümer theoretisch unbegrenzt wachsen. „Hier gibt es kein Maß, also warum eines halten?", fragt sich der Mensch. Die natürlichen Ressourcen aber sind begrenzt. Wenn jedoch der Geldbeutel wachsen soll, wird parallel dazu der Raubbau an der Natur gesteigert. Das hebt die Balance auf, weil es niemals so viel Natur geben kann, wie es möglich ist, Geld zu haben.

Ein weiterer Nebeneffekt des Geldes ist, welch ein unverhältnismäßiges Wertesystem sich dadurch im Menschen entwickelt hat. Was für unbedeutende Dinge er teilweise für wertvoll hält und auf der anderen Seite geht er mit wahrhaft lebenserhaltenden Dingen um, als wären sie nichts, nur weil sie sich an jeder Ecke günstig neu kaufen lassen. Der Mensch verlernt, wie wertvoll die natürlichen Ressourcen sind. Ihm erscheint die Vorstellung, ohne Geld zu sein, erheblich schlimmer, als dass die Natur unterginge. Das zeigt, dass er das, was ihn eigentlich am Leben erhält, ja, was ihm überhaupt erst sein Dasein ermöglicht, nämlich die Natur, nicht mehr zu schätzen weiß. Und eines Tages wird ihn genau das einholen. An dem Tag, an dem der Mensch erkennen wird, dass man Geld nicht essen kann, wird es bereits zu spät sein. Denn wenn die Natur nichts mehr hergibt, wird er sich auch nichts mehr kaufen können und all seine ihm heute noch so „wertvollen" Reichtümer sind auf einmal vollkommen bedeutungslos.

Geld ist nicht die Erfüllung. Diese ist nur in sich selbst zu finden.

Natur

Die Natur wird immer ihre Geheimnisse haben. Wir Menschen müssen sie nicht alle erklären können. Es reicht, wenn wir sie offen in uns aufnehmen und staunen über das Wunder.

Die Schönheit der Natur beflügelt

Ich sitze gerade mutterseelenallein auf einer Anhöhe am Rande eines Waldes. Vor meinen Augen erstreckt sich ein imposantes Bergpanorama, wie es schöner nicht sein kann. Massive, gigantische Gebirge formen fantastische Gestalten. Dichte Wälder und grüne Täler, die vor Leben nur so sprießen. Es ist ein Anblick von höchster Erhabenheit und Anmut. „Ich bin im Paradies", fühle ich und gebe mich ganz dieser Emotion hin.
Von Wald umgeben, fernab jeglicher Zivilisation, dort, wo der harmonische Klang der Natur das einzige Geräusch ist, welches man noch zu vernehmen vermag. Wie sich die Bäume im Winde wiegen, die Blätter rascheln, Äste knacken, Vögel singen, Insekten surren und wie das stille, reine Wasser des Baches rauscht. Es ist ein Klang für die Seele. Und inmitten von all dem herrscht Stille. Eine erfüllende

Ruhe und Gelassenheit, die meinen gesamten Körper durchströmt.
Hier, tief in den Wäldern, können meine Gedanken frei fließen. So rein und klar, wie das Wasser der Ache, das mal wild, mal sanft an mir vorbeirauscht. Ich habe alles und brauche nichts. Selig berührt von der zauberhaften Schönheit der Natur. Mehr brauche ich nicht, mehr will ich nicht, als auf ewig diese Anmut erkennen zu können, mich von ihr erfüllen zu lassen und ein bescheidener Teilhaber zu sein an diesem magischen Ereignis, das sich Leben nennt. Ich darf es erleben und gebe mich ganz diesem Glück hin, koste es voll aus.
Die Zeit und Muße zu haben, die Welt langsamer drehen zu lassen. Innezuhalten und zu genießen. Die einzigartigen Gefühle in mir spielen zu lassen, sie alle zu durchleben, sie lebendig zu halten, in all ihren Facetten. Dabei heiße ich bedrückende Gefühle ebenso willkommen, wie freudige.
Es ist das Leben, das Schönste, was man nur erfahren kann. Ich bin von einer Wärme, Herzlichkeit und Liebe erfüllt, die man mit keinem Wort beschreiben kann. Man kann es nur in sich selbst spüren, um das nachvollziehen zu können, was ich in diesem Moment empfinde. Ich brauche nichts, ich bin von allem erfüllt.

Das ewige Rauschen der Ache

Wenn man spürt, was die Berge in einem bewirken.
Welch eine Kraft und Ruhe sie ausstrahlen,
während sie sich majestätisch in die Höhe erstrecken.
Als wäre die Ewigkeit in ihnen geborgen.
Und doch sind auch sie vergänglich.
Wie alles auf der Welt.
Ein stetiger Wandel,
der mit jedem Schlag der Zeit ein Stück abträgt
und dabei Neues formt.
Das ist der ewige Kreislauf der Natur, der Evolution.
Dem die Menschheit genauso angehört, wie jedes andere Geschöpf oder Gewächs auf Erden.

Wenn man erkennt,
mit welch hingebungsvoller Mühe die Tiere unermüdlich ihren Aufgaben nachgehen.
Mit welcher Sorgfalt sie tun, was ihnen bestimmt ist.
Der Wille zum Leben.
Der jedes Lebewesen gleichermaßen durchströmt
und dazu antreibt,
alles dafür zu tun, um erhalten zu bleiben.
Wenn man hört,
wie das immerwährende Rauschen der Ache
alle Geräusche überklingt und man nichts mehr

wahrnimmt,
als den ewigen Fluss der Natur.
Alles bewegt sich,
alles was entsteht, vergeht auch wieder
und taucht zurück in die Ruhe hinein, aus der es
entstanden ist.

Erst wenn man all das sehen kann,
erkennt man die Freiheit, die einen begleitet,
auf allen Wegen, die das Leben beschreitet.
Erfüllt von Glück und Harmonie.
Alles gibt die Natur, nur sie.
Und wir sind Gast hier auf Erden,
so lasst uns endlich zu Menschen werden,
Die Liebe leben
und alles für die Freiheit und das Gute geben.

Frieden finden

Leben heißt sterben lernen

Im Buddhismus glaubt man, dass die Seele eines Lebewesens stetig auf Reisen ist. So ist der Tod kein Ende, sondern eine Zwischenstation auf der Fortführung einer langen Reise. Wie ein Mensch zu Lebzeiten sein Bewusstsein erweitert hat, wie er mit Geschehenem umgegangen ist, wie er gehandelt und wie er seine Seele gepflegt hat, wirke sich auf sein nächstes Leben aus. Somit trägt man gewissermaßen alles, was man aus sich gemacht hat, unweigerlich in sein nächstes Dasein mit. Auch wenn man sich bewusst nicht daran erinnern kann.

Solange ich lebe, bin ich nicht tot. Und wenn ich tot bin, dann lebe ich nicht mehr. Wozu sich also darüber sorgen, was mit mir im Tod geschieht, ich werde es eh nicht mitbekommen. Dennoch bleibt es ungewiss und ich frage mich, ob ich durch meinen Lebensstil tatsächlich etwas beeinflussen kann, wie ich letztendlich in den Tod eintreten werde?
Mit Sicherheit wird man das wahrscheinlich niemals sagen können. Dennoch richte ich alles in meinem Leben darauf, eines Tages, wenn meine Zeit gekommen ist, einen friedvollen Tod zu finden. Und die

Zeit bis dahin fülle ich damit, dieses zu erreichen. Zu lernen, um glücklich und ausgeglichen zu leben, im Einklang mit mir selbst und allem um mich herum. Dafür sorge ich jeden Tag, mit voller Aufmerksamkeit und Hingabe. Ohne krampfhaft nach etwas zu streben, lebe ich einfach drauflos und ich lerne aus allem, was mir begegnet, meinen Geist in erfüllende Bahnen zu lenken und meinen Körper gesund zu erhalten.

Die Gelassen- und Ausgeglichenheit, die innere Ruhe, die ich in meinem Leben empfinde, schenken mir Gewissheit. Da ich erfüllt gelebt und gelernt habe, loszulassen, werde ich mich auch friedliebend vom Leben verabschieden können, daran glaube ich fest.

Unter welchen Umständen ich letztendlich sterben werde, das kann ich womöglich nicht entscheiden, aber wie friedlich mein letzter Atemzug sein wird, das liegt ganz in meinen Händen.

Da der Tod als Bedingung zum Leben unvermeidlich ist, bleibt mir nichts anderes übrig, als ihn ohne Klagen zu akzeptieren. Es ist unangenehm Trauriges oder Schmerzliches durchzumachen oder Abschied von einem geliebten Menschen nehmen zu müssen, den man noch gerne länger an seiner Seite gewusst hätte. Aber es gehört im Leben dazu.

Das ist der Lauf der Natur, ein stetiger Wandel zwischen Leid und Freud, zwischen Entstehen und Vergehen. Alles was lebt, kehrt auch wieder in diesen

ewigen Kreislauf zurück. Somit ist unser Dasein im großen Ganzen nur ein winziger Augenblick, den wir nur ein einziges Mal erleben dürfen.
In diesem Bewusstsein sollten wir unser Leben verbringen, um unser Dasein bis zum Tode in voller Blüte gelebt zu haben und wenn es Zeit wird zu gehen, es in Dankbarkeit für die schöne Zeit auf Erden annehmen und in Frieden gehen. Darauf sollte all unser Bestreben gerichtet sein: Seine eigene Knospe des Lebens voll und ganz zu entfalten und den Tod als krönenden Abschluss wahrzunehmen.
Tagtäglich erleben wir Abschiede. Jede Sekunde, die vergeht, ist ein Abschied an ein Stückchen Lebenszeit und gerade, weil diese begrenzt ist, macht es jeden Moment so unsagbar kostbar. Denn jeder Tag im Leben blüht nur einmal und dann nimmer mehr. Wie sehr tut es gut daran, ihn sinnvoll zu verbringen? Wie sehr?

Wahrheit

Auf der Suche nach der Wahrheit

Ich wurde einmal gefragt: „Was glaubst du, was mit uns nach dem Tod passiert? Glaubst du an Gott? Was ist `Wahrheit`?"

Meine Antwort: „Ich halte vieles für möglich, aber zu sagen, so und so ist es und nicht anders, würde mir niemals einfallen. Die eine Wahrheit gibt es nicht.

Ich glaube nicht in dem Sinne, dass ich von etwas Bestimmten ausgehe und meine, dieses sei die absolute Wahrheit. Ich mache mir Vorstellungen, dabei eröffnen sich Möglichkeiten, die mir plausibel und einleuchtend erscheinen, so dass ich sie für mich als wahr annehmen kann. Es sind dennoch lediglich Ansichten von mir selbst. Meine Wahrheit muss nicht zwangsläufig mit der eines anderen übereinstimmen.

Jeder stellt sich die Welt und seine Wirklichkeit im eigenen Sinne vor, auf seine ganz individuelle Weise. Eine allgemeingültige Wahrheit kann es nicht geben, außer, dass jeder seine eigene hat und keine davon falsch ist. Denn sie ist geprägt von den Lebenserfahrungen eines Menschen und die sind komplett unterschiedlich. Wie soll man da auf einen Nenner

kommen? Und warum müssen wir das überhaupt? Das macht uns doch als Menschen aus, unsere Fantasie und unsere Gabe, die Welt mit anderen Augen zu sehen, sie selbst zu denken und zu gestalten.
Wissenschaftliche Fakten haben natürlich Bestand und es wird weiterhin geforscht. Aber in allem, was nicht erklärbar ist, wie z.B. der Glaube an Gott oder andere Höhere Wesen, die Erfüllung von Liebe, die Wege zum Glück oder was mit uns nach dem Tod geschieht, das kann sich jeder ausmalen, wie es ihm beliebt.
Die ehrlichste und überschaubarste Wahrheit, die man greifen kann, ist der Moment. Nur dieser ist Wirklichkeit und nur was der Augenblick benötigt, ist Realität.
Vergangenheit ist Erinnerung, die mit eigener emotionaler Wahrheit verknüpft ist, also relativer Wahrnehmung. Zukunft ist Spekulation, die sich vielleicht ein wenig kalkulieren lässt, aber damit auch keine Grundlage für eine fundierte Wirklichkeit bietet. Nur der Moment zählt und alles, was dieser gibt, was in diesem vorhanden ist, ist real und von wahrer Bedeutung. Das ist meine Wahrheit."

Keine Angst vor neuen Wegen

Nicht aufgeben, das Ziel ist nah

Wir sind auf dem richtigen Weg, uns bewusst zu werden, wer wir sind. Wir sind dabei herauszufinden, was wir in unserem Leben brauchen, um unser Gleichgewicht zu finden. Es ist ein langer, nicht immer einfacher, oft anstrengender, aber absolut lohnenswerter Weg. Und wir haben die Stärke, ihn zu gehen.
Es wird sich auszahlen, durchzuhalten. Manche Dinge brauchen eben ihre Zeit, erfordern Haltung oder Kraft. Aber auch wenn das Ziel noch fern scheint, es ist da.

Was für Veränderungen man in seinem Leben auch eingeleitet haben mag, so wachsen die Früchte von diesen nicht immer sichtbar. Es sind Entwicklungen, die in Gang gesetzt wurden und diese sind meist nicht offen erkennbar, sie geschehen einfach. Es wird nur deutlich an der eigenen Zufriedenheit. Wenn man merkt, wie man mit der Zeit gelassener wird und immer deutlicher hört, was das eigene Herz

sagt und wünscht, ist das ein Zeichen, dass man auf dem richtigen Weg ist.
So ist es mit dem Leben. Es ist ein ständiger Fluss, ohne Stillstand. Man selbst hat keine Macht über den genauen Verlauf. Aber man kann lernen, sich ein sicheres Floß zu bauen, das einen zuverlässig über Wasser hält. Man kann trainieren, es zu steuern. Starke Strömungen geschickt zu umgehen oder ihnen bestmöglich standzuhalten, ohne daran zu zerbrechen.

Aller Anfang hierzu sind einzig unsere Gedanken. Sie sind immer im Fluss und bringen uns voran. Sie erweitern unser Bewusstsein und steuern unsere Handlungen und Gefühle. Gewisse Gedanken führen uns durch unsichere Gewässer, andere wiederum halten uns fest in der Spur. Wir selbst entscheiden über unsere Denkvorgänge. Wir müssen nur Vertrauen und Geduld haben und lernen, auf das Gute in uns zu hören.

Langmut ist gefragt, denn es kann Monate, gar Jahre dauern, bis man erst einmal etwas von einem Fortschritt bemerkt. Aber das scheint nur so, jeder einzelne Tag steckt voller Entwicklung, jeder Moment verändert uns und wir wachsen jede Minute weiter. Auch wenn wir von den Fortschritten oftmals nicht viel mitbekommen, sind sie dennoch da.

Wer sich bewusst macht, wie jede Situation, die wir erleben, jede Entscheidung, die wir treffen, jede Begegnung, die wir haben, die Richtung unserer Entwicklung bestimmt, der wird auch beeinflussen können, wohin er sich entfaltet. Wenn wir uns bewusster werden und mehr darauf achten, was und wen wir in unserem Leben Einfluss und Eingriff gewähren, dann können wir auch darüber bestimmen, in welche Richtung wir uns entwickeln.
Wer sich akzeptiert mit allem, was einen ausmacht, alles Gute, sowie alles Schlechte, der wird frei sein.

Der Ruf des Herzens

Ich achte stets genau auf meine Energien. Dafür hatte ich immer schon ein gewisses Feingefühl und habe dieses mein Leben hindurch ausgebaut und dabei gelernt, in meiner optimalen Mitte zu sein. Oder mich wieder zurechtzurücken, wenn ich es einmal nicht bin.

Ich habe mich auf mein eigenes Leben und meine Interessen konzentriert, mich selbst, mein Denken, mein Handeln genauestens beobachtet. So erspüre ich heute sofort, woher es rührt, wenn ich unzufrieden bin und kann dementsprechend Veränderungen einleiten. Nicht überstürzt, sondern stets wohl bedacht. Diesem Weg bin ich immer gefolgt. Ich habe

vieles ausprobiert, mich nichts entzogen, aber sobald ich merkte, dass mich die Richtung nicht zufrieden macht, habe ich sie geändert.
Mit meinen Entscheidungen lasse ich mir stets ausreichend Zeit, bis ich mir vollkommen sicher bin. Ohne dabei ungeduldig zu werden. Sobald ich von etwas überzeugt bin, zögere ich keinen Moment, sondern gehe es sofort an. Auch wenn es Hürden zu erklimmen gilt oder Unannehmlichkeiten und Anstrengungen zu überwinden sind, dennoch folge ich dem Ruf meines Herzens vertrauensvoll. Bis heute bin ich noch nie enttäuscht worden, immer komme ich auf den Weg des Glückes zurück, wenn ich davon abgekommen bin.
Vielleicht mag es so klingen, als würde ich schnell etwas aufgeben, nichts wirklich durchziehen. Aber dem ist nicht so. Ich halte es nur für unsinnig, etwas weiterzuverfolgen, was mich im Grunde unglücklich macht, nur um zu beweisen, dass ich durchhalten kann.
Durchhalten kann ich sehr wohl, in allem, was mich erfüllt. Ich habe eine klare Linie in meinem Leben und die ist meine Zufriedenheit. Ich nehme nichts als selbstverständlich, sondern in ehrfürchtiger Dankbarkeit. Ich bin nicht leichtsinnig und habe auch oft kämpfen müssen, mit der Gesellschaft, aber vor allem mit mir selbst. Mich herausfordern, um nicht in Zorn, Depressionen oder Bequemlichkeit zu fallen. Ich hatte immer den Mut, mich selbst ehrlich

zu betrachten, mich auf weiterbringende Weise zu hinterfragen und mir falsche Entscheidungen oder Fehlverhalten einzugestehen, um es besser zu machen. Und das hat mich dahin gebracht, wo ich heute stehe: Ich kann mein Leben mit ganzem Herzen genießen.

Mit der richtigen Leidenschaft und Hingabe wird uns alles gelingen, auch wenn es Mühe und Arbeit kostet, aber es wird gelingen!
Jeder Mensch hat die Kraft, das zu sein, was man sein möchte. Die Stärke, das zu erreichen, was man sich wünscht. Viele denken nur, sie hätten diese nicht.
Aber das ist nicht wahr. Zu jederzeit hat der Mensch sich selbst und sein Leben in der Hand. Und es kommt nur darauf an, was man eigenwillig aus jeder Situation, aus jeder Begebenheit macht. Nichts kann uns im Grunde aufhalten, unser Leben nach den eigenen Träumen und Wünschen zu gestalten, außer unser eigener Wille.

Wenn wir denken, es müssten Veränderungen von großem Ausmaß geschehen um die Welt und uns selbst zu retten, sonst bräuchte man es erst gar nicht anzugehen, dann hält uns diese Einstellung erstmal davon ab. Es gibt viele Möglichkeiten und in kleinen Schritten, beginnend dabei, sich wieder bewusster zu verhalten, ist das, so denke ich, auch zu bewältigen.

Der Moment, in dem man anfängt nachzudenken, ist genau der Zeitpunkt, in dem die Veränderung beginnt. So sollten wir uns dazu bringen, nachzudenken, um zu erkennen, was wir bewirken können, wenn wir unseren Geist für die richtige Sache aufbringen.

Das Geheimnis einer harmonischen Welt

Das Geheimnis einer friedvollen, harmonischen, gerechten und heilen Welt liegt darin, dass jeder Mensch für sich seinen Weg finden muss und es ihm auch gestattet wird, seinen Weg zu gehen, ohne es zu hinterfragen oder jemanden in eine andere Richtung drängen zu wollen. „Aber was ist, wenn jemand auf die schiefe Bahn gerät, sollte man diesen dann nicht davor bewahren? Oder Übeltäter wegsperren, bevor sie weiteres Unheil anrichten?" Jeder Mensch muss die Erfahrungen in seinem Leben machen, die er machen muss, um sein Leben ins Lot zu bringen. Dabei ist jeder für sich selbst verantwortlich. Womit ich nicht meine, dass wir blind umherlaufen und uns niemandem mehr annehmen sollen. Aber manchmal müssen Menschen auch fallen, um sich neu zu finden. Sie müssen Krisen durchleben, um daran zu wachsen. Dabei kann man jemandem unterstützend unter die Arme greifen und ermutigen, nicht aufzugeben, aber dennoch gilt: Wer eine Krise zu durchstehen hat, muss sie auch vollends durchleben. Es ist eine Art Aufgabe, die man gestellt bekommt und die niemand für einen übernehmen kann.

Was für Lehren uns das Leben stellt, ist nicht vorhersehbar. Aus allem lernen wir aber nur, wenn wir es selbst durchgemacht haben und es am Ende nicht in Verdrängung geendet hat oder einem zu viel abgenommen wurde, sondern wenn man verarbeitet und verstanden hat und daran gewachsen ist.

Wir sollten auf Energien achten, an welchen Orten und unter welchen Bedingungen wir von positiven oder aber von negativen Schwingungen umgeben sind. Man halte sich möglichst da auf, wo man sich gut fühlt. Wo das ist, kann einem niemand sagen. Aber genau das ist auch das Wunderbare daran, denn es ist allein einem jeden selbst überlassen, zu erspüren, wo man sich besonders wohl fühlt, was einem guttut. Das erlaubt uns, das komplette Leben nach den eigenen Wünschen zu gestalten.

Wenn man auf das, was einem im Leben begegnet, stets mit Liebe antwortet, wird sich etwas Positives daraus entwickeln. Das ist gewiss.

Selbst über sein Leben nachdenken und seine Entscheidungen überdenken. Wo führen sie hin, was macht einen zufrieden und gesund? Das Geheimnis liegt in jedem selbst. Ein jeder trägt es in sich und ein jeder kann es auch nur für sich entschlüsseln. Man kann es nicht nachlesen oder anders lernen, niemand wird es einem je beschreiben können, denn die

Welt eines jeden Individuums ist einzigartig und bleibt für andere unvorstellbar. Alles um einen herum nimmt jeder auf seine einzigartige Weise wahr. Farben, Düfte, Geräusche, Geschmäcker, das alles sind Dinge, die man nur durch Selbsterfahrung begreifen kann. Genauso ist es mit dem Geheimnis des Lebens, man kann es nur erfahren, wenn man durch sich selbst hindurchgegangen ist, solange, bis man in sich ruht und frei von schweren Lasten ist, bis man sämtliche Energien in sich versteht und immer bereit bleibt zu lernen, sein Leben lang. Sich den Fragen des Lebens offen stellen, die Dinge aber auch mit einer gewissen Leichtigkeit betrachten.

Jeder Mensch trägt einen Schlüssel in sich, die Welt ein Stückchen besser zu machen. Seinen eigenen, ganz persönlichen Schlüssel. Wir müssen nur das passende Schloss finden und können dann die Welt mit unserer Persönlichkeit bereichern.

Die Menschen, die ganz Mensch geworden sind

Aus welchen Gründen auch immer man entstanden sein mag, es ist und bleibt ein Mysterium und dieses Wunder sollte man voll auskosten dürfen. Und sich dabei trotzdem ein gewisses Maß an Zurückhaltung antrainieren, damit wir als Menschen nicht weiterhin verschwenderisch damit umgehen, was uns am Leben erhält.

Ein neues Bewusstsein und somit eine neue Welt bildet sich nicht von heute auf morgen und es wäre falsch, sich dabei unter Druck zu setzen und zu glauben, wir hätten es eilig oder es müsse alles von Anfang an perfekt sein. Aber wir sollten dennoch den Grundstein für dieses neue Bewusstsein legen, indem wir uns darüber klar werden, was wir Menschen aus unserem Leben und dieser Welt machen könnten. Welch Schönes aus unseren Gedanken entspringen und wir zum Wachsen bringen könnten.
Wir sind geblendet vom technischen Zeitalter und wenn wir nicht aus eigenem Willen und Antrieb diese Vorstellungskraft entwickeln, wird uns ein freies, ungebundenes Leben entgehen und eine einzigartige, wunderbare Welt bleibt uns für immer verborgen.
Es ist nichts weiter, als das freie Leben zu erkennen und dann auch zu leben.
Das Schöne daran ist, dass man nach dieser Erkenntnis im Grunde nichts an seinem Leben zu verändern braucht, da man erkannt hat, dass man bereits alles hat, was man benötigt. Eine enorme Erleichterung. Die Sehnsucht nach mehr wird verschwinden. Das Leben wird man mit anderen Augen sehen und mehr wertschätzen, das nutzen, was man hat und man wird es lieben.

Versucht es euch vorzustellen, was wir Menschen mit unseren Gaben schaffen könnten. Und dass wir diese Welt mit nur etwas Verzicht, mit mehr Achtsamkeit und mehr Bewusstsein für die wichtigen Dinge im Leben entstehen lassen können. Wir müssen nur wollen und eine Vorstellungskraft entwickeln, die uns über uns selbst hinauswachsen und als die Menschen in die Geschichte eingehen lässt, die endlich vollkommen Mensch geworden sind.

Dankbarkeit

Das Größte und Wertvollste, was ich auf meiner Reise zu mir selbst fand, war Dankbarkeit. Ein so wunderbares Gefühl, welches mich durch mein Leben trägt.
„Danke" ist für mich das stärkste Wort auf Erden. Denn es enthält so viel Gutes: Liebe, Freude, Glück, Respekt, Demut, Ehrfurcht, Höflichkeit und Herzlichkeit.
Von Dankbarkeit erfüllt zu sein, ist eines der großartigsten Gefühle, welches man nur empfinden kann.

Stille ist die Antwort

Ich habe die Glücksformel gefunden! Die geheime Zutat, die dem Leben die gewisse extra Würze verleiht, den Geschmack vollendet, um es voll auskosten zu können.
Und die geheime Zutat ist: Es gibt keine!
Das Leben ist, wie es ist. Man kann es nur nehmen, wie es ist und nichts daran ändern wollen. In uns ist alles vorhanden, was wir zum Überleben brauchen, auch das Glück und vor allem die Freiheit. Wir brauchen keine bestimmten Zutaten, wir müssen einfach leben, mit dem, was uns gegeben ist.

Wenn wir begreifen, dass wir nichts wissen, werden wir eins mit uns selbst und somit auch eins mit der Welt.
Wenn wir unser Unwissen und unsere Unvollkommenheit stillschweigend annehmen, werden sich alle Geheimnisse des Universums in uns offenbaren. Wir werden nicht mehr suchen müssen, wofür es keine Worte gibt.
Dann kann endlich die Ruhe in uns einkehren, nach der wir Menschen so sehnlichst suchen.
Die Stille ist die Antwort.
Das Unaussprechliche ist das Geheimnis.
Indem wir das annehmen, haben wir es gelüftet.

Die Farben des Lebens,
zeichnen Dein Gemälde.
In der Sprache der Liebe und des Vergebens.
Und sie rufen unaufhörlich dabei:
"Nur wer sich selber findet,
ist am Ende frei!“